PREFACIO

Aunque aparentemente los polos se muestran como inmensas
extensiones heladas sin vida, en realidad destaca el bullicio de
sus habitantes. Las aguas gélidas, las superficies congeladas,
la banquisa y sus cielos acogen a mamíferos, peces y aves.
Es un ambiente hostil al que los animales se han adaptado
de muy diversas maneras: con un pelaje blanco para pasar
inadvertidos a sus predadores, una capa de grasa para soportar
las bajas temperaturas, unos comportamientos gregarios para
recibir el apoyo de la manada y muchas otras formas que irás
descubriendo a lo largo de estas páginas, donde la maravilla
del mundo natural y las vívidas ilustraciones te mostrarán
un planeta desconocido.

El libro describe las costumbres y principales características
de los animales que viven en los océanos Glacial Ártico
y Antártico, así como algunos, como la ballena azul,
que recorren ambos océanos, o el charrán ártico, que en
su emigración habita seis meses en el Ártico y seis en
la Antártida, viajando unos 71 000 kilómetros al año.

Textos: Eliseo García Nieto
Ilustraciones: Pippa Boom
Diseño y maquetación: Jose Luis Paniagua
Preimpresión: Natalia Rodríguez

© SUSAETA EDICIONES S.A.
C/ Campezo, 13 - 28022 Madrid
Tel.: 91 3009100
www.susaeta.com

D.L.: M-29160-2024

EL MAGNÍFICO Libro

ANIMALES POLARES

ELISEO GARCÍA NIETO
ILUSTRACIONES DE PIPPA BOOM

susaeta

ÍNDICE

Oso polar

Ursus maritimus

Es el mayor carnívoro de tierra firme, si bien el suelo que pisa tiene poca firmeza: vive en la *banquisa*, el hielo que cubre las aguas polares. Habita en el *Ártico*, que es una inmensa banquisa en torno al Polo Norte. En invierno la temperatura es de *50° bajo cero*, pero en verano deshiela. Por eso es un *gran nadador*, capaz de cubrir los 600 km que hay entre Islandia y Groenlandia. De ahí su nombre científico, *Ursus maritimus* (*oso marino*, en latín).

✳ La hembra mide la mitad que el macho. Cava oseras en la nieve, donde se refugia para parir. Los oseznos suelen ser dos y pesan menos de un kilo al nacer. De adultos, los machos alcanzan los 700 kg.

✳ Las *zarpas* tienen el tamaño de un plato grande. Funcionan como raquetas de nieve y aletas, con largas garras.

✳ Los pelos miden unos 15 cm. Están huecos y no son blancos, sino transparentes, y reflejan la luz. Con el tiempo amarillean.

¿Sabías que...? Los osos polares no hibernan. Permanecen activos todo el año cazando *focas*, su presa básica. También atacan a morsas, belugas, narvales y cualquier otro animal, incluidos sus congéneres. No son territoriales, sino que *vagabundean* por tierra y mar. Viven unos *25 años* ¡y la mitad de ese tiempo están buscando comida!

✳ La *piel* bajo el pelaje es tan *negra* como el hocico.

✳ Su capa de *grasa de 10 cm* lo aísla del frío, flota en el agua y almacena energía.

¡COMPARA!

• 3 m largo, 1,6 m alto

• 1,70 m alto

Ártico

Lobo ártico

Canis lupus arctos

La blancura de las *dos capas de pelo* que lo protegen del frío lo hacen inconfundible. Vive en el norte de Canadá, excepto una subespecie de Groenlandia *(Canis lupus orion)*. Forma *manadas* de tamaño muy variable, desde un par de individuos a más de veinte. Solo ellos se atreven a atacar a las hembras de oso polar y sus oseznos.

❊ Son muy territoriales y marcan sus dominios con orina y aullidos.

Mamá loba La gestación dura dos meses. Para parir, la hembra cava un *cubil* en la nieve o se acomoda en cualquier cavidad. Las camadas son de hasta *doce* lobeznos. Después de permanecer tres meses con la madre, se integran en la manada.

¿Sabías que...? Como en todas las especies de lobo, la manada tiene una *jerarquía estricta*. Hay un macho y una hembra dominantes, que son los únicos que se reproducen. Eso impulsa a los jóvenes a dejar la manada y formar una propia.

✳ *Mandíbulas* fuertes. La dificultad para encontrar y abatir presas hace que el lobo las devore por completo para aprovecharlas al máximo. Sus víctimas predilectas son grandes, como el *buey almizclero* y el *caribú*, pero jamás desdeña una *liebre ártica*.

✳ La almohadilla de las patas es rugosa para no resbalar en el hielo.

¡COMPARA!

• 1,8 m de largo, incluida cola   • 1,70 m alto

Ártico

Zorro ártico

Vulpes/Alopex lagopus

Su aspecto más conocido es con el *pelaje blanco*, sin embargo, a veces es *castaño o gris*, porque cambia con las estaciones del año de su hogar, la *tundra ártica:* tierras del Polo Norte cubiertas de permafrost, como se llama al suelo congelado todo el año. La desnudez de ese terreno, en el que no crecen plantas altas, hace imprescindible el *camuflaje*, para cazar presas y eludir predadores.

✳ La agudeza de su oído y olfato le permite localizar presas ocultas bajo la nieve. La pequeñez de sus orejas es otra adaptación al frío.

✳ Sin su denso *pelaje* no podría sobrevivir al frío. La industria peletera lo sometió a una cacería intensiva que puso en peligro a la especie.

¿Sabías que...? Se calcula que los zorros árticos pueden vivir unos diez años, pero muy pocos cumplen más de uno. Su supervivencia depende de la abundancia de su presa principal, el *lemming*, aunque además cace otros *roedores, aves y liebres*. También sigue a los osos polares para aprovechar los restos de sus capturas. Pero debe tener cuidado: osos polares, lobos árticos, glotones y algunas rapaces son sus predadores.

✳ La *gran cola*, equivalente a la mitad de su longitud total, le ayuda a equilibrarse en la carrera y abrigarse en invierno, a casi *60° bajo cero*.

✳ Sus *patas*, robustas y cubiertas de pelo por completo, son aptas para alcanzar presas enterradas y cavar *madrigueras* para criar a sus cachorros: son laberintos subterráneos de enorme extensión usados durante generaciones.

¡COMPARA!

• 70 cm largo x 30 alto

• 1,70 m alto

Ártico

Reno/caribú

Rangifer tarandus

Si has visto un libro o documental que afirma que el herbívoro más abundante en torno al Ártico es el *reno* y otro que dice que es el *caribú*, habrás pensado que uno de los dos estaba equivocado. Pero no: *¡es el mismo animal!* Llamamos *reno* al que habita en el norte de Europa y Asia, pastoreado por pueblos indígenas, mientras que en el norte de América vive en estado salvaje y lo llaman *caribú*.

✴ Su *pelo* no cambia de color con las estaciones, pero sí según el lugar donde vive. Los que habitan la *tundra ártica* (región helada y sin apenas vegetación) tienen pelaje claro. Los residentes más al sur, en la *taiga* (bosques fríos con árboles muy altos), son oscuros.

✴ *Pezuñas anchas*, que sirven como raquetas de nieve y aletas para nadar. Tiene *dos dedos delanteros* en forma de media luna, ideales para aferrarse en suelo resbaladizo y escarbar en busca de líquenes y otros alimentos.

✳ Los machos tienen *astas*... ¡pero las hembras también! Es el único pariente de los ciervos con *hembras con cuernos.*

✳ Viven en *manadas* y protagonizan espectaculares *migraciones* anuales.
Una manada rusa reunió más de *un millón de renos.* Y unos caribúes norteamericanos son campeones en distancia: recorren cada año unos *2.400 kilómetros.*
¡Es la migración más larga de un mamífero terrestre!

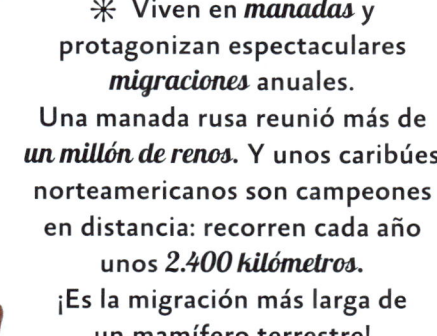

¿Sabías que...?

Apenas hay vegetación en los suelos helados, pero abundan *los líquenes*, organismos formados por la asociación de hongos y algas. El *liquen de los renos (Cladonia rangiferina)* es básico en la dieta de ese animal. ¡Pero cuando hay hambre, también se alimenta de pájaros, roedores y peces! A su vez, renos y caribúes son presa de lobos, osos, águilas y glotones.

✳ Sus *ojos* captan la *luz ultravioleta*, invisible para nosotros. Eso les permite distinguir su alimento y a los predadores aunque estén cubiertos o camuflados en la nieve.

¡COMPARA!

• 2 m largo x 1,5 m de altura en la cruz)

• 1,70 m alto

Ártico

Liebre ártica

Lepus arcticus

Los territorios más gélidos de Norteamérica son el hogar de **uno de los mayores roedores** del mundo. Uno de sus distintivos es su pelaje blanco, pero no es así siempre: en verano, cuando deshiela, su color se vuelve oscuro para seguir camuflada en el entorno. ¡Le va la vida en ello! Lobos y zorros árticos, búhos nivales y otras aves de presa la tienen en el menú.

✳ Es una de las liebres de mayor tamaño, pero sus *orejas* son menores que las de climas cálidos. Es una adaptación típica entre los animales que viven en zonas frías.

✳ Sus fuertes **patas delanteras** le permiten cavar agujeros en la nieve o la tierra para guarecerse, parir y reposar. Pasa mucho tiempo descansando, a fin de ahorrar energía.

✳ Su alimentación se basa sobre todo en hojas de arbustos, pero también líquenes, musgo ¡e incluso carroña! El abastecimiento de agua lo resuelve comiendo nieve.

✳ Como liebre que es, la *velocidad* es una de sus características. Puede alcanzar los 60 km/h.

Familia numerosa

Da a luz en los meses cálidos, tras una gestación de poco más de 50 días. Las *camadas* son de unos *seis lebratos*, que crecen rápido y en un año están listos para emparejarse. Los roedores y otros animales con muchos predadores suelen tener descendencia pronto y en abundancia, lo que facilita que la especie sobreviva.

¡COMPARA!

• 70 cm largo

• 1,70 m alto

Ártico

Buey almizclero

Ovibos moschatus

Por su forma y tamaño parece un bóvido, como el bisonte, el búfalo o la vaca, y por eso se le llama *buey*. Pero las apariencias engañan, porque el buey almizclero es familiar de las cabras. Por eso se le cataloga en un género aparte: es un *ovibovino*, nombre que mezcla las palabras del latín para referirse a la oveja *(ovis)* y el buey *(bos)*.

✳ Tiene dos capas de *lana* oscura. La exterior está formada por mechones rígidos, mientras que la interior es suave y cálida, ¡casi *diez veces* más que la de oveja! Esta lana se denomina *qiviut* y se vende cara, por su escasez. Los bueyes almizcleros no se esquilan, solo se recoge el *qiviut* que pierden en primavera.

✳ Alumbran *una cría por año*. Sin embargo, cuando el invierno es duro y escasea en exceso la comida, no se reproducen.

✳ Los machos en celo combaten para emparejarse con las hembras. Se embisten con los *cuernos* hasta que uno de ellos se rinde.

✳ Para atraer a las hembras, el macho segrega *almizcle*, una sustancia grasa de olor intenso, que es muy apreciada en perfumería. ¡De ahí lo de *almizclero*!

Cerco defensivo Forman

manadas de una veintena de individuos. Cuando son atacados, forman un *círculo defensivo:* presentan los cuernos a los lobos, con las crías a sus espaldas, protegidas dentro del círculo, y las defienden a cornadas.

✳ Se alimenta a base de plantas. Solo en caso de gran necesidad se conforma con líquenes.

¡COMPARA!

• 1,5 m alto, 2,5 m largo   • 1,70 m alto

Ártico

Lemming *Lemmus lemmus*

Myopus schisticolor | Dicrostonyx torquatus

Pocos roedores plantean tantas *incógnitas* como la veintena de especies de lemming. Por ejemplo, sigue sin respuesta clara un factor clave: ¿por qué cada pocos años *se multiplica de forma descontrolada la población* y luego *disminuye* de manera *drástica*?

Lemming del bosque (*Myopus schisticolor*)

✳ Se alimenta de *vegetales*, que en invierno saca en la nieve excavando. *No hiberna.*

Errores y mentiras

La superpoblación periódica de *lemming* ha tenido diversas explicaciones poco convincentes. Por ejemplo, que caían del cielo. Tampoco es cierto que, cuando abundan, se suicidan en masa arrojándose al mar. Es un bulo alimentado por un documental falseado en 1958. Al proliferar, los *lemming* migran en busca de territorio y muchos mueren en ruta, pero por accidente, ¡nada de arrojarse al mar!

✳ *Patas* adaptadas para cavar. Varias especies excavan complejas y extensas *madrigueras* subterráneas. con zonas de despensa y de cría.

✳ Pocos superan los *20 cm* de longitud. Los más pequeños son del género *Myopus*, conocidos como *lemming oscuros o del bosque*, que rondan los 10 cm.

Myopus

¿Sabías que...?

El *pelaje* varía entre especies. Algunas son de color llamativo, lo cual es raro en los roedores, que suelen esconderse de predadores. Una teoría es que el lemming usa *aposematismo*, alerta visual de algunos animales y plantas tóxicas, que evita que se los coman. Por ejemplo, *la mofeta rayada (Mephitis mephitis)*, que lanza líquido fétido. ¡Pero también hay seres inofensivos que fingen ser peligrosos! ¿Será uno de ellos el lemming...?

✳ La *gestación* dura menos de un mes y en cada camada nacen *una docena de crías*. Algunas especies, como el *lemming de Noruega (Lemmus lemmus)*, tienen cada pocos años una *explosión demográfica*. ¡Su población se multiplica hasta ser *insostenible*! Se ignora por qué. Una teoría apunta a la abundancia cíclica de comida y otra al declive puntual de predadores (aves de presa, zorros, armiños...).

Dicrostonyx Torquatus

¡COMPARA!

• 15 cm longitud   • 1,70 m alto

Ártico

Glotón *Gulo gulo*

Es un *mustélido*, familia a la que pertenecen predadores como la comadreja, el tejón y la nutria. Es el mayor de ellos en tierra y uno de los más feroces, capaz de abatir presas de tamaño muy superior al suyo. Esa fiereza, y la tendencia a atiborrarse de comida cuando puede para compensar la escasez habitual le han valido el nombre de *glotón*.

✳ Tiene unas *mandíbulas* fuertes. que le permiten abatir animales tan grandes como el *caribú*. La mayoría de sus presas son pequeñas, como *liebres y lemming*. Sin embargo, su menú habitual es *carroña*. Suele seguir a los lobos y otros predadores para aprovechar los restos de sus capturas.

✳ La gestación dura nueve meses y las camadas son de unos cinco cachorros.

¿**Sabías que...?** Uno de los superhéroes más famosos de la historieta y el cine está inspirado en el glotón. Tiene su ferocidad y garras y se llama como él en inglés: *Wolverine*. Al publicarse sus aventuras en España, los traductores creyeron poco épico un mutante superpoderoso llamado *Glotón* y optaron por una adaptación muy libre del idioma original: *Lobezno*.

✳ **Pelaje** impermeable y cálido, que lo convirtió en víctima habitual de tramperos y cazadores.

✳ Segrega una sustancia de *olor intenso* que utiliza para marcar territorio y hace que sea detectable a distancia.

✳ Utiliza sus fuertes *Zarpas* como arma, pero sobre todo para aferrarse a suelos resbaladizos, trepar por rocas y árboles y excavar refugios donde descansar y parir.

¡COMPARA!

• 110 cm largo, 25 cm de cola y 45 cm alto

• 1,70 m alto

Ártico

Morsa *Odobenus rosmarus*

Sus *gigantescos colmillos*, que recuerdan a los de un elefante, hacen que sea uno de los animales más reconocibles. Y al igual que le pasó a los elefantes, la morsa se convirtió en víctima de *caza* intensiva, porque el *marfil* de sus dientes es un material usado en objetos de lujo. Hoy están protegidas en todo el *Ártico*, en cuyos hielos habitan.

✳ Grupos de miles de morsas *migran* en verano desde la banquisa de hielo flotante a playas en tierra firme, donde forman colonias multitudinarias.

✳ Su *piel* rugosa alcanza los 10 cm de grosor y bajo ella hay una capa de *grasa* de 15 cm. Los machos son mayores que las hembras y alcanzan casi las 2 toneladas de peso. El color de la piel se aclara a medida que envejece.

Aspiradora viviente

Peces, calamares y gambas entran en su dieta, pero tiene preferencia por las almejas. Las detecta en el fondo del mar con sus vibrisas. Las toma entre sus fuertes labios y abre las conchas para succionar su contenido tras crear el vacío en la boca moviendo la lengua. ¡Son como aspiradoras con colmillos!

✳ Sus *vibrisas* (bigotes sensibles que tienen muchos animales, entre ellos los gatos) son abundantes y largas: hasta 700, de 30 cm de longitud. Le permiten distinguir formas y tamaños incluso en aguas oscuras.

✳ Tiene en la garganta una cavidad que puede llenarse de aire, llamada *saco gular*. Lo tienen también varias especies de mamíferos, pájaros y reptiles. La morsa lo usa para mejorar su flotabilidad y amplificar sonidos. Gracias a eso, se le oye a gran distancia.

✳ Los machos y las hembras tienen *colmillos* de hasta 1 m de longitud y 5 kg de peso. Son mayores los de ellos, que los usan para pelear en época de celo. También les sirven para aferrarse al hielo al salir del agua, abrir respiraderos y defenderse de los osos polares y las orcas.

¡COMPARA!

Ártico

• 3,5 m largo • 1,70 m alto

Foca barbuda
Erignathus barbatus

Foca ocelada
Pusa hispida

✳ La foca barbuda debe su nombre a sus *vibrisas*, esos bigotes que tienen muchos animales y sirven como órgano del tacto. Los usa para detectar almejas, peces, calamares y otras presas en el mar.

✳ Al igual que otras focas, las barbudas emiten *sonidos* diferentes según la época, se cree que para comunicarse. Bajo el agua se oyen a más de 30 km de distancia.

Las focas son de los pocos animales capaces de habitar mares tan distintos como los polares y el Mediterráneo. Ello es gracias a su capacidad de adaptación. Una investigación descubrió en 2023 que la foca barbuda, que vive en el Ártico, tiene los conductos nasales más densos que las focas de aguas cálidas y retienen mucho mejor la humedad y calor del aire al respirar. Se da por hecho que las demás focas polares comparten esa y otras adaptaciones al frío.

✳ A la foca ártica más pequeña y abundante, la ocelada, le gusta la *soledad*. Vive junto a respiraderos en el hielo para acceder al mar. Pare una cría en cada camada, en *madrigueras* excavadas bajo la nieve.

¡COMPARA!

Barbuda • 2,5 m largo

Ocelada • 1,5 m largo

• 1,70 m alto

Ártico

Foca pía
Pagophilus groenlandicus

Foca franjeada
Histriophoca fasciata

Las especies de foca que habitan en el Ártico son distintas a las de la Antártida. Pero incluso entre las que habitan en uno u otro polo, hay grandes diferencias entre ellas. Son fáciles de distinguir por su tamaño, color y dibujos en el manto. También son peculiares su dieta alimentaria y costumbres. Algunas son solitarias y defienden su territorio, mientras que otras viven en grandes grupos.

Embarazo alargado

La mayoría de las focas se reproducen con *implantación diferida.* El embrión no se desarrolla nada más emparejarse macho y hembra, sino al cabo de entre dos y cuatro meses. Eso alarga la gestación y permite a las crías nacer cuando el clima es más propicio para que sobrevivan. Un centenar de mamíferos tienen esta adaptación evolutiva.

✳ La foca pía forma **manadas** y lleva a cabo **migraciones** de más de 4.000 km. Pasa casi toda su vida en el agua y es capaz de sumergirse durante 20 minutos a cientos de metros.

✳ Una de las habilidades más conocidas de la foca franjeada para escapar a sus predadores es *hacerse la muerta*. Cuando el atacante se confía, la foca «resucita» y huye a toda prisa.

¿Sabías que...?

Las focas árticas están entre las más explotadas por su piel. A algunas, como la pía, se las caza de cachorros, por su blancura. Para no dañar la piel, se las mata con un golpe. A finales del siglo XX, las imágenes de esas sangrientas cacerías causó repulsa internacional, lo que llevó a reducir y regular la caza, pero no a prohibirla.

¡COMPARA!

Foca pía • 2 m largo

Foca franjeada • 1,6 m largo

• 1,70 m alto

Ártico

Foca de casco

Cystophora cristata

Si hay una foca reconocible con facilidad, es la de casco. Los machos utilizan para marcar territorio y rivalizar entre ellos una membrana oscura parecida a un casco, situada entre los ojos y la nariz y que se hincha como un globo. ¡Y no es su único órgano inflable! También tienen una vejiga roja que sobresale de su orificio nasal izquierdo para atraer hembras en época de celo.

Foca de casco macho

❋ Sus órganos inflables emiten *sonidos* que se oyen a larga distancia y sirven a las focas de casco para comunicarse dentro y fuera del agua.

❋ Los machos son mucho mayores. Alcanzan los 3,5 m y más de 400 kg, mientras que ellas rondan los 2 m.

❋ Aunque habitan en los hielos árticos, sus *migraciones* las llevan muy lejos. ¡A veces visitan las islas Canarias!

¿Sabías que...?

Las crías nacen con unos 25 kg y solo maman cuatro días, lo que las convierte en el mamífero con *lactancia más corta*. Sin embargo, más de la mitad de la leche es grasa, lo que permite que en tan poco tiempo doblen su peso. ¡Engordan más de 6 kg al día!

✳ Son territoriales y poco sociables. Solo se congregan para aparearse.

Foca de casco hembra

¡COMPARA!

Macho • 3,5 m largo

Hembra • 2 m largo

• 1,70 m alto

Ártico

Narval *Monodon monoceros*

Es posible que no exista cetáceo más reconocible. La causa: esa especie de largo cuerno en la parte frontal de la cabeza de los machos, que los hace parecidos a peces espada. ¡Pero no es un cuerno, sino un *diente*! En concreto, el canino superior izquierdo, que crece tanto que acaba sobresaliendo a través de la piel.

✳ Su excepcional *colmillo* en forma de cuerno es un órgano sensorial con millones de conexiones nerviosas que detectan cambios en la temperatura del agua, la salinidad... Algunos ejemplares tienen dos de estos colmillos, pero es muy inusual.

✳ Aunque puede sumergirse durante casi *30 minutos* a más de 1.500 m, su necesidad de aire es su punto flaco. Le puede resultar letal la escasez de agujeros en el hielo que pueda usar como respiraderos en invierno. Además, en ellos suelen acechar osos polares. También tiene que cuidarse de las orcas.

¿Sabías que...? Durante siglos se creyó que el largo diente del narval era *cuerno de unicornio*. De las muchas descripciones medievales de ese animal mitológico, una de las más extendidas era que tenía cuerpo de caballo, cola de león, cabeza de cabra, patas de toro y un largo cuerno en la frente, dotado de propiedades curativas milagrosas. Por eso el colmillo de narval alcanzaba precios altísimos.

¡COMPARA!

Ártico

• 4,5m longitud

• 1,70 m alto

Beluga *Delphinapterus leucas*

Al igual que su pariente el narval, es uno de los cetáceos más reconocibles. Lo que hace inconfundible a la beluga es su piel, tan *blanca* como los hielos árticos bajo los cuales pasa el invierno. Forman *manadas* de una decena de ejemplares, que al llegar el deshielo veraniego emigran a zonas costeras, donde en ocasiones se congregan a millares.

✳ *Nada* con lentitud, pero es capaz de moverse con facilidad en aguas muy poco profundas. ¡Y puede nadar *marcha atrás*!

¿Sabías que...?

Además de usar sonidos para la ecolocalización, la beluga se *comunica* mediante una variada gama de chasquidos, silbidos y trinos agudos, similares al gorjeo de pájaros. Por eso en inglés se conoce a este cetáceo como *sea canary* (canario de mar). También se asemeja a algunas aves en que es uno de los pocos animales capaces de *imitar el habla humana*.

✳ Su blanca *piel* suele presentar largos surcos, similares a campos arados. Son *cicatrices* de zarpas de *oso polar* y dientes de *orca*, sus únicos predadores, además del ser humano.

✳ Una beluga puede alcanzar los 1.500 kg y casi la mitad de su peso corresponde a una capa de *grasa* de hasta 15 cm de grosor, que le sirve de aislante térmico y de reserva de energía.

✳ Su cabeza es prominente por el tamaño del *melón*, órgano que tienen todos los cetáceos con dientes. El melón amplifica los sonidos que emite el animal y que, tras rebotar, regresan a su oído. Ese sistema sensorial se llama *ecolocalización* y es tan preciso que capta el grosor del hielo y la existencia de respiraderos.

¡COMPARA!

• 5,5m longitud

• 1,70 m alto

Ártico

Ballena de Groenlandia

Balaena mysticetus

Es la única ballena que solo vive en el Ártico. Su cuerpo *sin aleta dorsal* es perfecto para deslizarse bajo la banquisa y acceder a los respiraderos. Otra adaptación a las aguas árticas es su acumulación de grasa, que facilita su flotabilidad y sirve de aislante térmico y reserva de energía.

✳ Suele nadar con la *boca abierta*, alimentándose de kril y otros crustáceos diminutos que filtra a través de sus *barbas*, esos largos filamentos que tienen en las fauces los cetáceos sin dientes. Sus barbas de 5 m son las más largas que existen.

✳ Como todos los cetáceos, necesita aire. En su caso, la carencia de respiraderos en la banquisa no es un gran problema: es capaz de abrirlos a cabezazos en una placa de hielo de 30 cm de espesor. ¡Por algo su enorme cabeza equivale a un tercio de su longitud!

✳ Destaca por su gran *anchura* y por su capa de *grasa*, de 70 cm de grosor. Alcanza las 100 toneladas, lo que la convierte en la segunda ballena más pesada, tras la azul.

¿Sabías que...? La ballena de Groenlandia es el *mamífero más longevo conocido*. Se descubrió gracias a la captura en 2007 de un ejemplar que tenía clavado un arpón desde hacía 125 años. ¡Se calcula que viven más de dos siglos!

¡COMPARA!

Ártico

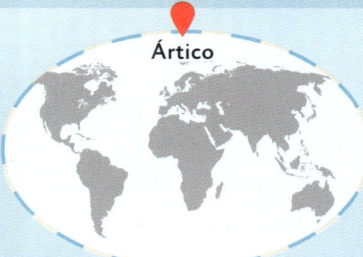

• 18 m longitud

• 1,70 m alto

Búho nival

Bubo scandiacus / Nyctea scandiaca

El intenso amarillo de sus ojos y la blancura de su plumaje lo hacen inconfundible. Pero no son sus únicas peculiaridades: a diferencia de la mayoría de búhos, es sobre todo diurno y vive en áreas sin arbolado. ¡Y no le va nada mal! Su plato favorito es el lemming y se come entre 3 y 5 al día, lo que equivale a unos 1.400 al año.

Anidan en el suelo, con puestas que oscilan entre 3 y más de 12 huevos. Al estar expuestos a pisadas y los depredadores, los progenitores vigilan de continuo el nido.

✳ El *pico* le sirve para rematar a sus víctimas y desgarrarlas, cuando son de cierto tamaño, como *liebres árticas* o patos. Pero al *lemming* lo traga entero. Los huesos, piel y plumas que no digiere; los regurgita.

✳ La *vista* es su principal órgano sensorial. ¡Es capaz de localizar presas a más de 1,5 km!

✳ Nace con *plumaje* grisáceo, que se blanquea a medida que crece. Los machos son más pequeños y blancos que las hembras.

✳ Es uno de los búhos de mayor tamaño. Gracias a la envergadura de sus *alas*, lleva a cabo largas migraciones. ¡En 2021 llegaron algunos a Cantabria y Asturias!

Ártico

¡COMPARA!

• 60 cm alto, 1,5 m envergadura   • 1,70 m alto

¿Sabías que...? El búho nival más célebre es un personaje literario: *Hedwig*, mascota del mago *Harry Potter*. Los libros escritos por Joanne Kathleen Rowling precisan que Hedwig es hembra. Pero al adaptarlos al cine, se emplearon machos porque su mayor blancura es más fotogénica.

Gaviota marfileña

Pagophila eburnea

La gaviota marfileña tiene una amplia distribución en el Ártico, donde se reproduce en zonas de cría, casi todas ellas en islas, en las que se reúnen en grandes cantidades. Pasan los duros inviernos árticos en los hielos en torno a mar abierto.

✳ Su *alimentación* se basa en peces, crustáceos, roedores, huevos y carroña. Acostumbra a seguir a los osos polares, que dejan sobras en abundancia cuando capturan a sus presas.

✳ El *plumaje* de la gaviota marfileña es blanco, lo que le permite pasar inadvertida cuando se posa sobre nieve y hielo.

¿Sabías que...? Aunque los últimos recuentos calculaban que había al menos 20 000 ejemplares, la población de *gaviota marfileña* está en disminución y los organismos conservacionistas han alertado sobre las amenazas que sufre. Su dependencia del hielo para reposar y alimentarse la hace especialmente vulnerable al cambio climático que está fundiendo el Ártico, igual que les ocurre a los osos polares.

✳ Construye sus *nidos* en el suelo con musgos, líquenes y algas. La puesta habitual es de *tres huevos* como máximo.

¡COMPARA!

Pagophila eburnea
• 40 cm largo

• 1,70 m alto

Ártico

Tiburón boreal

Somniosus microcephalus

El tiburón boreal es, junto a la orca, el *predador* marino más temible del Ártico. Pese a pertenecer a un género de escualos tan *lentos* que se les denomina tiburones *somnolientos*, es capaz de capturar bacalaos, arenques, anguilas e incluso focas. Sin embargo, su plato más habitual es la *carroña*. Eso explica que en su estómago se hayan encontrado restos de ballenas, osos polares... ¡y hasta renos enteros!

✳ Al abrir las fauces genera una *succión* que atrapa a sus presas, a las que engulle enteras. Su lentitud al nadar (1 km por hora) le hace tan silencioso que suele sorprender a sus víctimas mientras duermen.

¿Sabías que...? El tiburón boreal es extremadamente longevo. Tanto, que hay indicios de ejemplares de más de *quinientos años*, según algunas investigaciones. En caso de verificarse este dato, confirmaría que este pez es el animal *vertebrado más longevo* conocido.

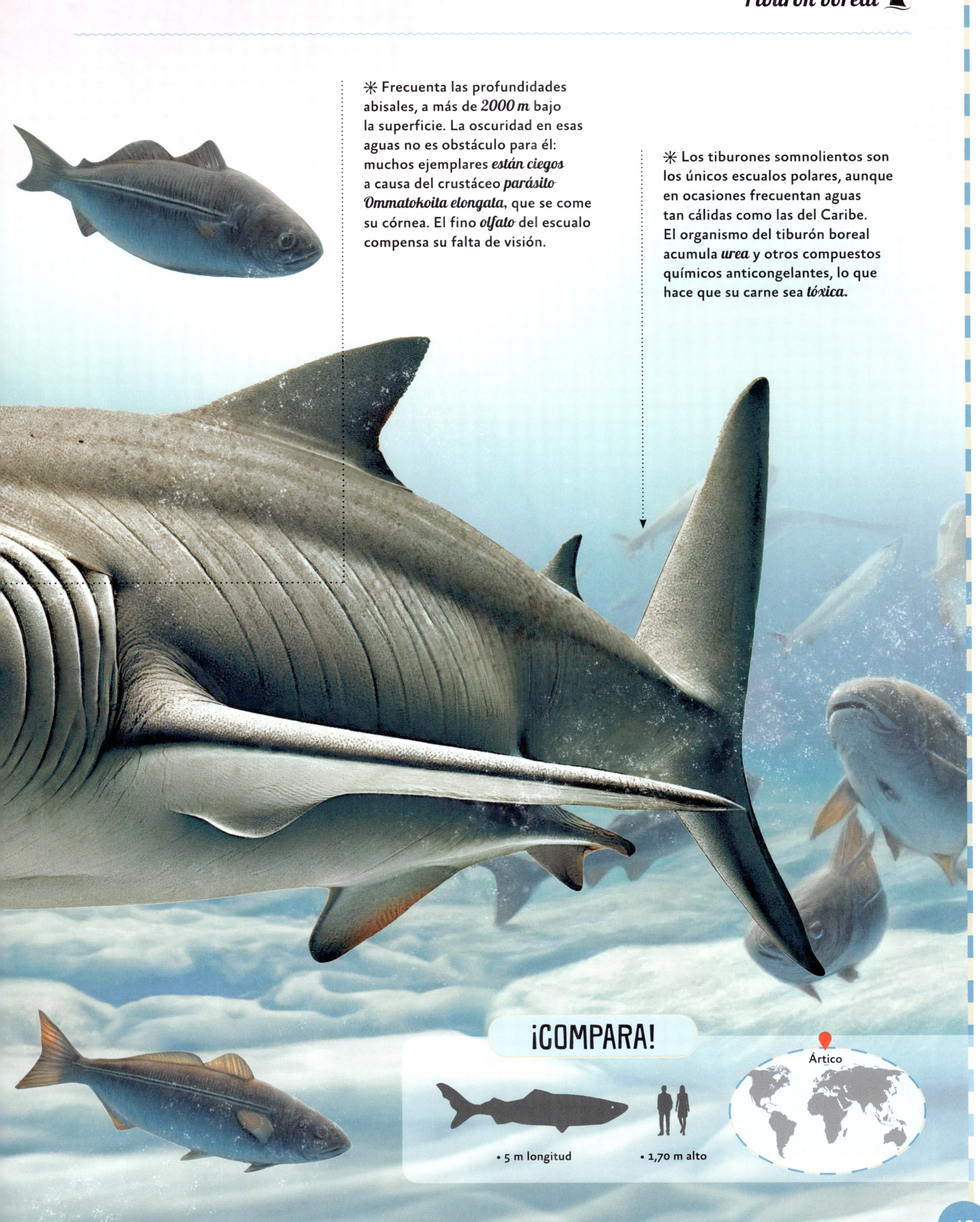

✳ Frecuenta las profundidades abisales, a más de *2000 m* bajo la superficie. La oscuridad en esas aguas no es obstáculo para él: muchos ejemplares *están ciegos* a causa del crustáceo *parásito Ommatokoita elongata*, que se come su córnea. El fino *olfato* del escualo compensa su falta de visión.

✳ Los tiburones somnolientos son los únicos escualos polares, aunque en ocasiones frecuentan aguas tan cálidas como las del Caribe. El organismo del tiburón boreal acumula *urea* y otros compuestos químicos anticongelantes, lo que hace que su carne sea *tóxica*.

¡COMPARA!

• 5 m longitud

• 1,70 m alto

Ártico

Medusa melena de león ártica

Cyanea capillata

Si nos preguntan cuál es el animal más grande que existe, lo más probable es que contestemos que la ballena azul. Y es cierto, si nos referimos al peso; pero si lo que medimos es la *longitud*, gana con diferencia una especie muy distinta: la medusa melena de león ártica. Sus *36 m* de largo superan en diez el tamaño del mayor cetáceo.

✳ La parte superior de la medusa, denominada *umbrela* o *campana*, alcanza los dos metros de diámetro. Se divide en ocho lóbulos, cada uno de ellos con más de *cien tentáculos*. A ellos se suma otro millar de tentáculos en torno a la boca.

✳ Pese a superar los 30 m de longitud, sus tentáculos son casi invisibles en el agua, donde forman una densa red que atrapa pequeños *peces y otras medusas*. Los tentáculos son viscosos y están repletos de *células urticantes* con microscópicos aguijones venenosos que se activan al tocarlos.

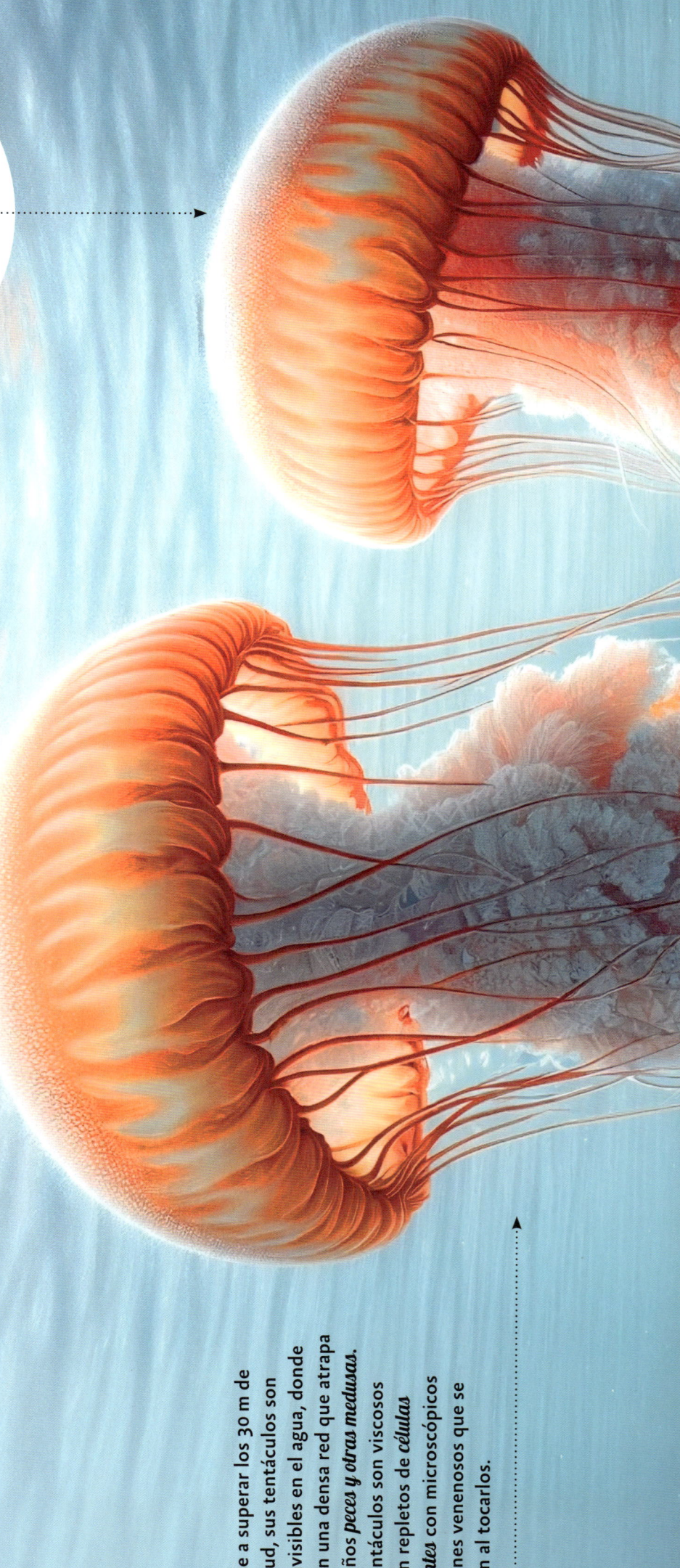

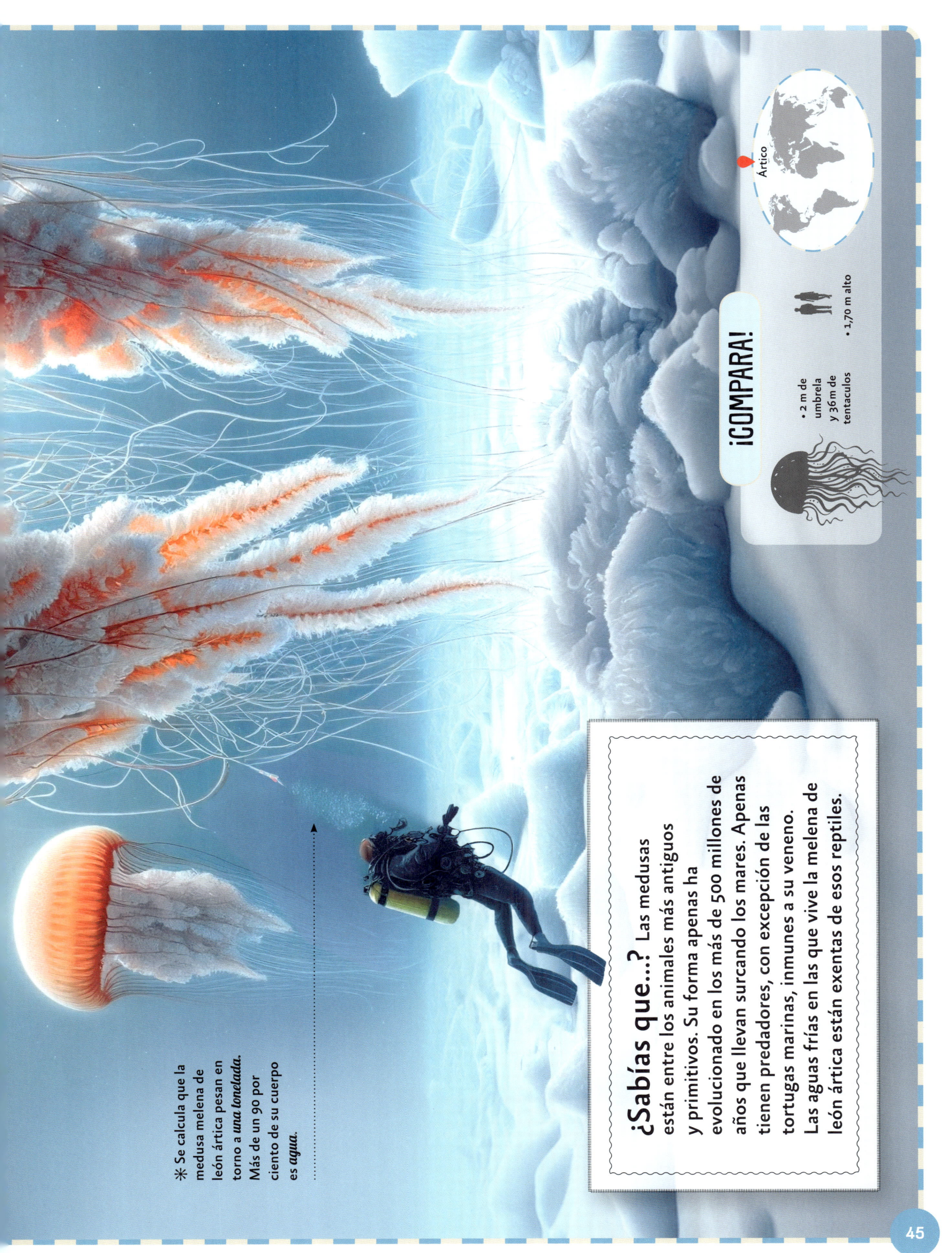

* Se calcula que la medusa melena de león ártica pesan en torno a *una tonelada*. Más de un 90 por ciento de su cuerpo es *agua*.

¿Sabías que...? Las medusas están entre los animales más antiguos y primitivos. Su forma apenas ha evolucionado en los más de 500 millones de años que llevan surcando los mares. Apenas tienen predadores, con excepción de las tortugas marinas, inmunes a su veneno. Las aguas frías en las que vive la melena de león ártica están exentas de esos reptiles.

¡COMPARA!

• 2 m de umbrela y 36 m de tentaculos

• 1,70 m alto

Ártico

Kril antártico *Euphausia superba*

Ballena azul *Balaenoptera musculus*

El *animal más grande* que ha existido, la ballena, es carnívoro y, por lógica, también su presa debe de ser colosal. Y lo es, pero no precisamente en tamaño, sino en cantidad: el *kril antártico* es un crustáceo que, pese a su pequeñez, abunda de tal manera que es una de las especies con *mayor masa en conjunto*: ¡más de 500 millones de toneladas! Casi la mitad la devoran las focas, los pingüinos, los peces… y los cetáceos: en la Antártida alimentan sobre todo a *la ballena azul, la jorobada* y *los rorcuales común y aliblanco.*

✳ Hay *kril* en *todos los mares*, pero donde más, en *los polos*, sobre todo *el sur*. El sol del verano antártico hace proliferar el *fitoplancton*, las minúsculas *algas* que son el alimento del kril. Los bancos de este crustáceo suben a la superficie en cantidades abrumadoras para atiborrarse, y a su vez se convierten en un festín para otras especies. Su papel en la cadena alimentaria es *clave para la vida* en la Tierra.

✳ El kril antártico es el más abundante de las alrededor de *80 especies de kril* conocidas y una de las mayores (5 cm). Sus *patas* son muy especiales: las patas torácicas filtran el alimento: atrapan el más ínfimo *fitoplancton*. Las agallas con que respira son externas.

¿Sabías que...?

Hay tantas *diatomeas* (grupo de algas unicelulares) en el mar antártico en verano que la panza de la ballena azul adquiere color *amarillento*, por la cantidad de ellas que se le adhieren.

✳ Sus *27 m y 120 toneladas* de promedio convierten a la ballena azul en el mayor animal conocido, incluidos los dinosaurios. Aunque se la llama *ballena*, es un *rorcual*, familia de cetáceos con pliegues en la garganta. Esos *pliegues*, al llenarse de agua, se dilatan y multiplican la capacidad de la boca. ¡Así engulle muchas más presas!

✳ En lugar de dientes, tiene *barbas*, que son como un colador. Cada barba mide 1 m, son las más largas entre los rorcuales. También destacan por su anchura, 55 cm. Las toneladas de agua que entran en su boca abierta se *filtran* a través de las barbas, qué retienen el kril. Así captura por toneladas una presa tan pequeña.

¡COMPARA!

Ballena azul • 27 m largo

• 1,70 m alto

Antártida

47

Orca común

Orcinus orca

El **máximo superpredador** marino está presente en todos los océanos, incluidos los polares. Pese a que se la denomina «**ballena asesina**», la orca no es una ballena, sino el miembro más grande de la familia de los **delfines**. Su gran **tamaño**, aguda **inteligencia** y capacidad para coordinarse en **grupo** hacen que ningún animal a su alcance, incluidos la ballena azul y el tiburón blanco, esté a salvo de convertirse en su presa.

✳ Además de para *ecolocalizar*, la orca emite una gran variedad de sonidos con los que intercambia información con su clan. Su **comunicación** es tan perfecta que le permite técnicas de caza complejas, como coordinarse al nadar para formar una ola que derribe a las focas de los témpanos de hielo. También se congregan a decenas para atacar grandes ballenas.

¿Sabías que...? Las orcas viven en **clanes**, grupos con lazos familiares. Tienen en torno a una **docena** de miembros y los forman **hembras** y sus descendientes, dirigidas por una **matriarca**. Cada clan tiene su propio **sistema de sonidos** para comunicarse y transmite técnicas de caza y otros conocimientos de una generación a otra.

✳ Como todos los cetáceos con dientes, es capaz de explorar su entorno emitiendo sonidos cuyo rebote le permiten percibir formas, tamaños y distancias incluso en total oscuridad o aguas turbias. Ese sentido se denomina *ecolocalización*.

✳ Dependiendo de dónde viven, y de si son *nómadas o residentes*, las orcas se especializan en presas determinadas: *focas, leones marinos, ballenas, salmones*... Las diferencias de comportamiento e incluso aspecto entre algunas orcas se está ahondando tanto que los biólogos debaten si se han convertido en *especies distintas*.

¡COMPARA!

Orca macho • 10 m largo

Orca hembra • 7 m largo

• 1,70 m alto

Ártida

Antártida

Charrán Ártico

Sterna paradisaea

Ningún otro animal recorre más la Tierra que este pequeño pájaro, que habita seis meses en sus zonas estivales de cría, cercanas al Ártico, y otros tantos en la Antártida, adonde se va... ¡a veranear! Eso lo convierte en el único animal que disfruta de *dos veranos al año*, y por tanto el que goza de *más horas de sol*.

✳ No es el animal volador más grande, rápido ni habilidoso, pero sus *alas* lo llevan más lejos que a ningún otro. La distancia recorrida se multiplica porque recientes investigaciones revelaron que no vuela en línea recta, sino siguiendo las *corrientes de aire*.

Padrazos

Las *parejas* suelen ser de por vida. Anidan en el suelo y la puesta habitual es de dos huevos. Ambos progenitores empollan y alimentan a sus polluelos y los *defienden* con agresividad incluso frente a superpredadores como el oso polar.

※ Se alimenta de los *peces* que pesca zambulléndose en el agua, así como de *insectos* que atrapa al vuelo.

¿Sabías que...? La *emigración* de polo a polo del charrán ártico es la *más larga* del reino animal. Los que anidan más al norte, en Islandia o Groenlandia, viajan unos *71 000 km* al año. Teniendo en cuenta que viven unos 30 años, algunos volarán durante su vida 2,5 millones de kilómetros... ¡más distancia que ir y volver *tres veces a la luna!*

¡COMPARA!

• 35 cm alto,
80 cm envergadura

• 1,70 m alto

Ártico

Antártida

Págalo parásito

Stercorarius parasiticus

Págalo antártico

Stercorarius / Catharacta maccormicki

Los págalos, también llamados *escúas*, son aves de presa características de las zonas polares. El págalo antártico es la única especie propia del sur, mientras que en torno al Ártico hay varias, de las que la más característica es el págalo parásito.

✳ El págalo parásito lo lleva en el nombre, pero todos otros págalos hacen lo mismo que él: alimentarse *arrebatando comida* a otros. Cuando gaviotas, charranes, cormoranes y otras aves marinas capturan una presa, las acosa hasta que la sueltan. Este comportamiento animal se llama *cleptoparasitismo* y los págalos son uno de sus mejores ejemplos.

Págalo parásito

Págalo antártico

※ Aunque la base de su alimento es el robo, los págalos también hacen sus propias capturas. El antártico suele nutrirse de *huevos y polluelos* de pingüinos. Tampoco desprecian la *carroña*.

Ártico

Antártida

¡COMPARA!

Págalo parásito
• 45 cm largo

Págalo antártico
• 55 cm largo

• 1,70 m alto

Ladrones... y viajeros

Los págalos ponen sus *huevos* en las zonas polares al llegar los meses cálidos, pero invernan muy lejos. ¡*Migran* unos 30.000 km! El antártico va a áreas en torno al norte de América, mientras que el págalo parásito y otras especies árticas van al sur de África, Australia y América.

Foca de Weddell
Leptonychotes weddellii

Foca de Ross *Ommatophoca rossii*

La diversidad de *focas* en torno al Polo Sur es similar a la que hay al otro extremo del planeta, en aguas árticas. Las cuatro especies antárticas principales –de Weddell, de Ross, cangrejera y leopardo– son *parientes* cercanas, pese a lo cual hay grandes diferencias entre ellas... tantas que hay una que se come a las demás.

> **¿Sabías que...?** Las focas se *comunican* mediante *sonidos* muy variados, tanto dentro como fuera del agua. La de Ross hace ruidos similares a una sirena, mientras que la de Weddell emite vocalizaciones complejas, que recuerdan a los cantos de las ballenas. Los ejemplares que están en la superficie oyen a las que están bajo el agua.

✳ En invierno, la foca de Weddell necesita *respiraderos* en la banquisa y, para evitar que se cierren, tiene que *roer* a menudo el hielo, lo que desgasta mucho sus *dientes*.

✳ La foca de Weddell vive sola o en grupos reducidos. En vez de emigrar, pasa el invierno en el agua *bajo el hielo*, que está menos fría que el exterior. En ese entorno de *oscuridad*, su principal órgano sensorial son las *vibrisas*, esos largos bigotes que le permiten detectar a los *peces* que apresa.

✳ Los *ojos* de la foca de Ross son muy grandes, de hasta 7 cm de diámetro. Cabe la posibilidad de que sea una adaptación para capturar de noche los *calamares* que son su alimento principal.

✳ Sobre el hielo es muy torpe, pero en el agua, la foca de Ross es una ágil *nadadora*, capaz de sumergirse a 200 m. Es un animal *solitario*.

✳ La foca de Weddell es capaz de estar *una hora* sumergida y llega a profundidades de hasta 600 m.

¡COMPARA!

Weddell • 3 m largo

Ross • 2,3 m largo

• 1,70 m alto

Antártida

Foca cangrejera

Lobodon carcinophagus

Tanto su nombre común como el científico (*carcinophagus* significa *comedor de cangrejos* en latín) apuntan a que se nutre de cangrejos. Y es cierto que su alimento principal es un crustáceo, pero se trata de otro muy distinto: *kril*. La perfecta adaptación de su dentadura para atraparlo es la clave de que la cangrejera sea la *foca más abundante* del planeta.

¿Sabías que...? La dentadura de las focas cangrejeras está especializada en atrapar kril. Al cerrar la boca, sus *dientes lobulados* es convierten en un filtro por el que sale el agua, pero no los crustáceos que flotan en ella. Al igual que los pingüinos de Adelia, las focas cangrejeras se han beneficiado de la abundancia de kril por la desaparición de ballenas tras siglos de pesca industrial.

Foca cangrejera 🐾

✳ Suelen tener la piel marcada por *cicatrices*, ya sea por las fauces de sus predadores -la *orca* y la *foca leopardo*- o por las *peleas* entre machos en la época de celo. Estas últimas heridas suelen estar en torno al cuello.

✳ La mayoría de las focas cangrejeras viven sobre el hielo a la *deriva* en torno al continente antártico. Son *solitarias*, aunque a veces forman grupos pequeños, de tres o cuatro miembros. En algunas ocasiones se congregan cientos de ejemplares jóvenes.

✳ A diferencia de otras focas, se desplaza *ágil y rápida* sobre el hielo, impulsándose con las *aletas* y moviendo el abdomen para *reptar*. Eso la ha permitido adentrarse en el continente antártico. ¡Hay ejemplares *momificados* hace miles de años a decenas de kilómetros del mar!

¡COMPARA!

2,5 m largo

• 1,70 m alto

Antártida

Foca Leopardo

Hydrurga leptonyx

Las cuatro especies de foca antártica son parientes cercanas y comparten varios rasgos. Pero una destaca entre las otras... y además ¡se las come! La foca leopardo es la más grande de la familia y la única del mundo que tiene en su dieta habitual *mamíferos*. También los pingüinos son parte importante de su menú. Ni siquiera el ser humano está a salvo de su ferocidad.

✳ El *kril* es fundamental en su dieta, sobre todo en su etapa juvenil. También son básicos en su menú *peces y cefalópodos*.

¿Sabías que...? Además de la Antártida, la foca leopardo frecuenta el extremo sur de América, África y Oceanía. Sus únicos enemigos naturales son las *orcas* y los *grandes tiburones*. No teme al ser humano e incluso a veces lo ataca. Su única víctima mortal conocida fue una científica en aguas antárticas en 2003.

✳ La depredación que ejerce es clave para mantener bajo control la población de focas y pingüinos. Ataca en especial a las crías, más fáciles de apresar que los adultos.

✳ Sus *colmillos* de 2,5 cm le permiten aferrar presas escurridizas y rematarlas con rapidez. *Acecha* bajo el borde del hielo para sorprender a *focas y pingüinos* cuando entran al agua. También ataca a las *aves* que reposan en la superficie.

✳ Su agresividad y las *manchas* de su piel llevaron a compararla con un fiero felino, el leopardo. Además de como *foca leopardo* se la conoce como *leopardo marino*.

✳ Al igual que el felino del que toma nombre, la foca leopardo es *solitaria*, excepto en época de celo. La hembra pare una sola cría y el macho no interviene en su cuidado.

¡COMPARA!

• 3,5 m alto

• 1,70 m alto

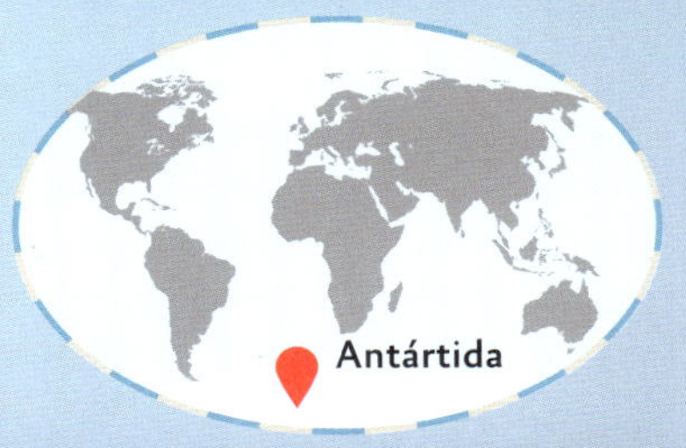

Antártida

Lobo marino antártico

Arctocephalus gazella

Pese a su nombre, no vive en la propia Antártida, sino en las *islas* de alrededor. Los lobos marinos antárticos pertenecen a la familia de los otarios, mamíferos marinos parecidos a las focas, pero menos hidrodinámicos: tienen *orejas y aletas* aptas para avanzar con agilidad en tierra firme. ¡Pero son mucho mejor nadadores que caminantes!

¿Sabías que...?

Las diversas especies de lobo marino, incluida la antártica, son conocidas en los países angloparlantes como *fur seals (focas de piel)*, por la calidad de su pelo y cuero para la industria *peletera*. Su caza industrial duró siglos y no se reguló hasta que estaban casi extinguidas.

Los lobos marinos *antárticos* viven en soledad parte de su vida, pero cuando se congregan en colonias de alimentación o cría forman grupos de cientos de miles. Los machos forman *harenes* de hasta 20 hembras, cada una de las cuales alumbra un cachorro por temporada.

✳ Come sobre todo *kril* y *peces*, y con mucha menor frecuencia pequeños *pingüinos*.

✳ Las *vibrisas* son muy largas, de hasta 50 cm. Le sirven como órgano sensorial en la oscuridad, lo cual le resulta muy útil porque gran parte de su alimentación es *nocturna*, ya que de noche emerge el kril de las profundidades.

¡COMPARA!

• 2 m alto

• 1,70 m alto

Antártida

Elefante marino del sur
Mirounga leonina

Este pinnípedo acumula varias *plusmarcas*. La más evidente es su *gran tamaño*: es el mayor de la clase de las focas, los otarios y las morsas. También es uno de los mamíferos con más *dimorfismo sexual* (diferencias entre machos y hembras de la misma especie). Ellas no superan los 3 m y 900 kg, mientras que sus parejas miden el doble y pesan el cuádruple. La caza estuvo a punto de extinguirlos en el s. XIX.

✳ En época de celo, los machos dominantes forman un *harén* con decenas de hembras y alejan a otros machos, a los que hacen frente alzando la parte anterior del cuerpo. Si *combaten*, se muerden con fiereza hasta que uno cede.

✳ En el agua se impulsa con la *cola*. Es un nadador excepcional, capaz de sumergirse *2 horas* a casi *2.400 m* de profundidad en busca de *calamares y peces*. ¡Es uno de los campeones de buceo entre los mamíferos marinos, junto al cachalote y el zifio de Cuvier!

✳ Las *aletas pectorales* le sirven sobre todo para desplazarse en tierra. ¡Incluso *les permiten correr* distancias cortas!

✳ El abultado *apéndice nasal* del macho amplifica los *estruendosos* bramidos y rugidos con los que intimida a los *rivales* que se aproximan. Su forma algo parecida a la trompa de un elefante sirvió de inspiración para dar nombre a este otro gigantesco mamífero.

✳ Sus largas *vibrisas* detectan las presas en la oscuridad de las profundidades.

¿Sabías que...?

Cuando se forma un harén, el macho es tan *territorial* que permanece hasta *tres meses* en tierra sin comer, defendiéndolo. Los elefantes marinos son uno de los mamíferos marinos que pueden estar más tiempo fuera del agua. Pero cuando abandonan las zonas de cría y *migran* a las de alimentación, en mar abierto, bucean casi todo el tiempo y solo emergen para respirar.

¡COMPARA!

Macho • 6 m largo

Hembra • 3 m largo

• 1,70 m alto

Antártida

Pingüino emperador

Aptenodytes forsteri

Si el habitante más característico del ártico es el oso polar, en la Antártida son los *pingüinos*, y en concreto el *mayor* de todos, por algo llamado *emperador*. Nadie puede disputarle la proeza de ser el único animal capaz de *criar en el desierto antártico* en pleno *invierno*, con el termómetro a 50° bajo cero y ventiscas de 140 km/h.

※ La *lengua* del emperador y otros pingüinos tiene una especie de *púas* que funcionan como anzuelos para retener a sus escurridizas presas: *peces y kril*.

※ Los pingüinos son las aves mejor adaptadas al agua. Sus *alas*, incapaces de volar, funcionan como aletas con las que se impulsan y maniobran para *nadar*. El emperador es el que se sumerge a mayor profundidad: más de *500 m* durante 20 minutos.

✳ El denso y graso *plumaje* exterior forma una cobertura impermeable y aislante. Debajo hay *plumón* con una capa de aire y bajo la piel una cobertura de una gruesa capa de *grasa*, reserva energética para sus meses de *ayuno*.

✳ Pone un huevo al año y solo una *quinta parte de los polluelos* sobreviven. Muchos mueren de frío o capturados por petreles gigantes y otros predadores. También perecen si no regresan sus mayores del mar con el buche lleno para alimentarlos. Es habitual que los adultos que pierden sus huevos o polluelos intenten *arrebatar* a otros el suyo.

Antártida

¡COMPARA!

• 1,3 m alto
• 1,70 m alto

✳ Los pingüinos emperador forman *colonias de cría* que congregan a miles. Durante las ventiscas heladas del invierno se agrupan de espaldas al viento para darse calor.

✳ Su modo de *caminar* puede parecer cómico, pero muy pocos seres podrían igualar su gesta: recorrer hasta *120 km* sobre el hielo para llegar desde la costa a sus zonas de cría. Además de andar, se *desliza tumbado* sobre la panza.

Pingüino de Adelia

Pygoscelis adeliae

Debe su nombre a que fue visto por vez primera en un pequeño territorio antártico llamado *Tierra Adelia.* Es el pingüino más *extendido* y habita en toda la costa e islas de la Antártida. Está tan adaptado a las bajas temperaturas que es casi imposible verlo en otro continente.

✳ Es un veloz *nadador*, capaz de *saltar 3 m* de altura en el agua. Ese es el método que emplea para salir del mar.

¿Sabías que...? En 1840, una expedición comandada por Jules Dumont d'Urville exploró un sector continental de la Antártida que este marino y naturalista francés bautizó como *Terre Adélie*, en honor a su esposa, Adèle. Entre las muestras que recogieron en *Tierra Adelia* (así la llamamos en español) había un pingüino de especie desconocida. Al describirla, le dieron el nombre del lugar de hallazgo: pingüino de Adelia.

✳ Cría sobre tierra firme en primavera y verano. Construye un *nido* de piedras en el que pone dos huevos que ambos progenitores se turnan para empollar. ¡Hasta medio millón de pingüinos se juntan en las *colonias* de cría!

❋ Un estudio de las cáscaras de huevo descubrió que su alimentación ha cambiado en los últimos dos siglos, de basarse en peces y calamares a hacerlo de kril. Se cree que la causa es la abundancia de esos crustáceos por el exterminio de ballenas pescadas en ese periodo.

❋ *No teme* enfrentarse a animales mucho mayores, como el petrel gigante. Tampoco demuestra miedo frente a los seres humanos.

❋ *Migra* unos 13.000 km desde los territorios de cría a los de alimentación invernal. En los meses fríos vive en el mar y reposa sobre témpanos de hielo flotantes.

¡COMPARA!

Pingüino de Adelia
• 27 m alto

• 1,70 m alto

Antártida

Pingüino barbijo

Pygoscelis antarcticus

Varios de los pingüinos más representativos y abundantes de la Antártida tienen, sin embargo, la mayoría de su población fuera de allí. Tal es el caso del *barbijo*, del que hay unos 2,5 millones en el continente helado, mientras que en islas del sur del Atlántico habitan el doble de ejemplares.

✳ Como casi todos los pingüinos, el barbijo tiene *contracoloración*; es decir, que su dorso es oscuro y su panza clara. Es un camuflaje frecuente en animales marinos: cuando nada, desde arriba su dorso oscuro se confunde con el azul del mar, mientras que desde abajo, su panza blanca es similar a las aguas brillantes por el sol. Cetáceos y tiburones tienen este mismo camuflaje.

✳ Es un voraz depredador de *kril, peces y calamares*. No es raro verlo buscando alimento a decenas de kilómetros de la costa.

✳ A diferencia de otras especies de pingüino, *los barbijos* macho y las hembras son del mismo tamaño.

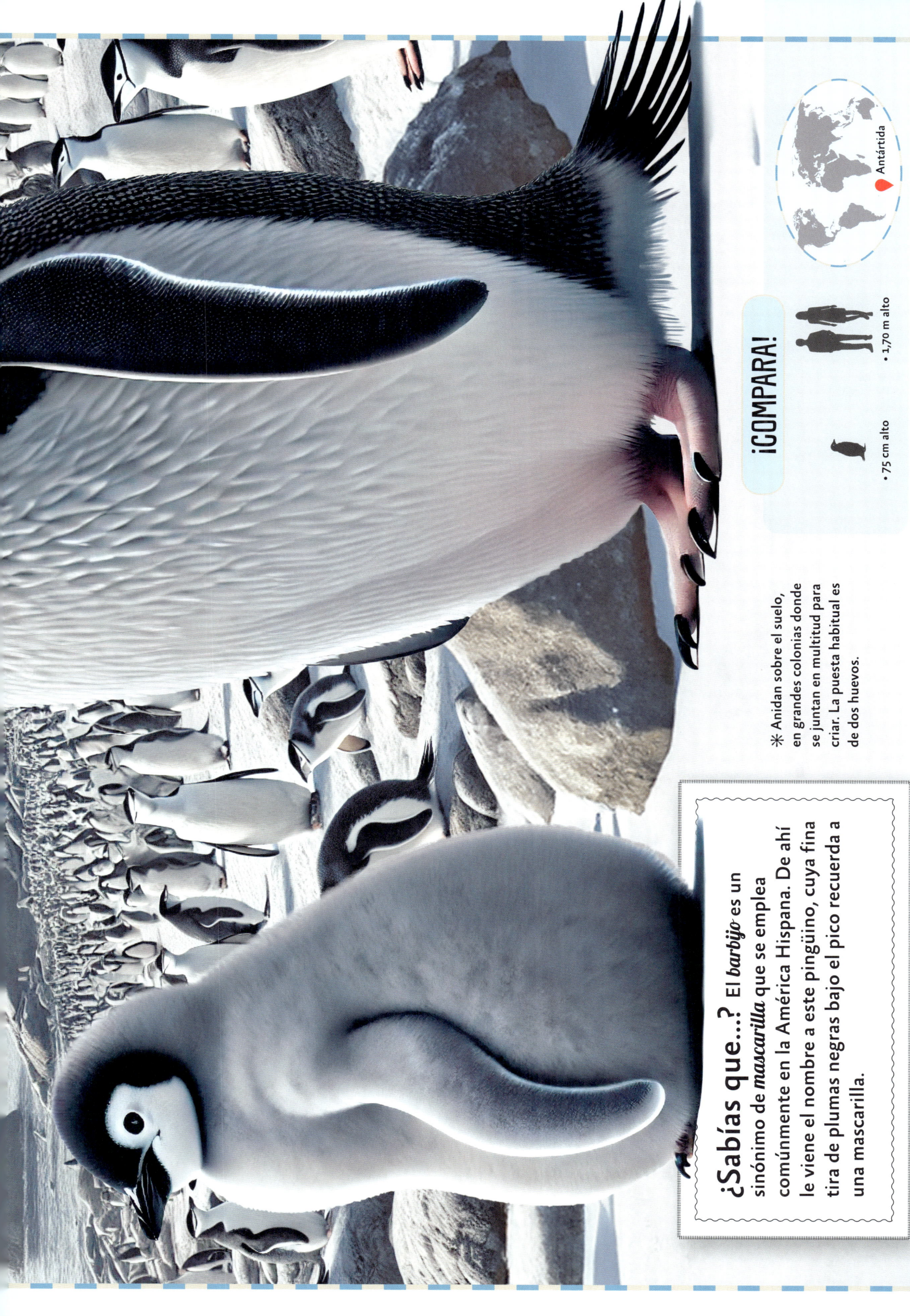

¡COMPARA!

• 75 cm alto

• 1,70 m alto

Antártida

✳ Anidan sobre el suelo, en grandes colonias donde se juntan en multitud para criar. La puesta habitual es de dos huevos.

¿Sabías que...? El *barbijo* es un sinónimo de *mascarilla* que se emplea comúnmente en la América Hispana. De ahí le viene el nombre a este pingüino, cuya fina tira de plumas negras bajo el pico recuerda a una mascarilla.

Petrel gigante antártico

Macronectes giganteus

La ausencia de predadores terrestres en la Antártida no significa que los pingüinos estén exentos de riesgos fuera del agua. La amenaza llega por el aire, en forma de ave: el petrel gigante antártico. Su *tamaño y ferocidad* lo convierten en el mayor peligro para los polluelos de pingüino... y también para aves adultas.

✳ Vive en colonias de tamaños muy diversos, en territorio continental antártico pero, sobre todo, en las islas de alrededor.

✳ Su fuerte *pico* es su principal arma. Además de *peces, kril y pingüinos*, su principal sustento es la *carroña*. También ataca a aves voladoras como los *albatros*, a los que ahoga en el mar sujetándolos del cuello con el pico.

* Su estómago segrega un *líquido grasiento* que usa como reserva nutritiva para sus polluelos. Pero también lo escupe a distancia para ahuyentar a los animales que lo acosan. ¡Es experto en guerra química!

¡COMPARA!

• 1 m largo, 2 m envergadura

• 1,70 m alto

Antártida

¿Sabías que...? Las *ratas* y otras *especies invasoras* que, sin saberlo, suelen llevar consigo los seres humanos son *desastrosas* para las colonias de petrel gigante. Al ser desconocidas en las islas donde habita, el petrel no descubre que esos animales son una amenaza hasta que han hecho estragos entre sus huevos y polluelos. El impacto es grande, porque pone un solo huevo al año.

Albatros errante

Diomedea exulans

Los extensos *mares* entre la Antártida y el resto de los continentes son de los más revueltos y ventosos del mundo. Pero unas aves, los albatros, han aprendido a aprovecharse de ello. Su gran *envergadura* les permite aprovechar al máximo los vientos para desplazarse a *enormes distancias*. La campeona absoluta en este tipo de vuelo es la mayor especie de la familia: el albatros errante.

¿Sabías que...? Mantiene la misma *pareja* de por vida... pero solo se ven unas pocas semanas cada *dos años* para criar. Ponen sus huevos (uno solo cada vez) en *islas* alrededor de la Antártida. La época de crianza es la única en la que es posible ver albatros errantes en gran número. Es un animal *solitario* que pasa casi toda su vida en el aire, *sobrevolando* el océano.

✳ El albatros errante es el ave de mayor *envergadura*: hasta 3,5 m de punta a punta de las alas. Eso le permite *planear* sobre las corrientes de aire y volar *miles de kilómetros* sin apenas aletear. Un ejemplar marcado previamente apareció diez meses después ¡a 13.000 km!

✳ Al igual que otras aves marinas, el albatros dispone de una *glándula nasal* que filtra y elimina el exceso de sal de su organismo.

✳ Se alimenta en alta mar de *calamares, crustáceos y carroña*. También suele seguir a los barcos, para nutrirse de la *basura* arrojada por la borda.

¡COMPARA!

1,3 m largo y 3,5 m de envergadura • 1,70 m alto

Antártida

Róbalo de fondo

Dissostichus eleginoides

Bacalao antártico

Dissostichus mawsoni

La riqueza en *nutrientes* y la *ausencia de humanos* mantienen las aguas antárticas como un *paraíso* para la vida marina, que florece con una diversidad que aún estamos muy lejos de conocer por completo. Esa misma riqueza biológica puso en el foco de la *industria pesquera* a especies como el róbalo de fondo y el bacalao antártico. Ya están *sobreexplotadas*.

✳ *Dissostichus eleginoides* tiene muchos *nombres comunes*, como casi todos los peces sujetos a explotación comercial. Se le conoce como *róbalo de fondo*, pero también *austromerluza negra, merluza negra, bacalao de profundidad o bacalao negro*.

✳ *Cachalotes, orcas y focas* son sus principales depredadores. Sin embargo, la *competencia* de las *ballenas y pingüinos* por los peces de los que se alimentan es lo que más afecta a su población, junto con la pesca industrial.

✳ De joven, el róbalo de fondo se alimenta de *kril* y otras presas pequeñas. A medida que crece y bucea más hondo, consume *peces y cefalópodos*. A su vez, es presa habitual de *calamares, elefantes marinos y cachalotes*.

✳ *El róbalo de fondo* frecuenta el Cono Sur de América e islas en torno a la Antártida. Los juveniles nadan a un centenar de metros de profundidad, mientras que los adultos pueden sumergirse a más de mil.

✳ Pese a que suele nadar *lento* para ahorrar energía, se desliza con rapidez cuando lo necesita y es un predador voraz. Captura cualquier *pez* y *crustáceo* a su alcance. Con los *calamares*, dependiendo de su tamaño, termina siendo depredador o presa.

Antártida

¡COMPARA!

Róbalo
• 70 cm largo

Bacalao
• 1,7 m largo

• 1,70 m alto

✳ *El bacalao antártico es familia del róbalo de fondo, pero lo duplica en tamaño y se encuentra en aguas más cercanas al continente helado y a mayor profundidad, a partir de los 2.000 m.*

¿Sabías que…?

Pese a su denominación como merluzas, bacalaos o róbalos, estas especies antárticas tienen poco que ver con esos peces. Se las conoce como *nototénidos* porque su familia es la *Nototheniidae*. Tienen varias *adaptaciones al frío*, como la acumulación de *grasa* y el desarrollo de *proteínas anticongelantes*. Y su sangre es *fluida* y pálida, por la escasez de glóbulos rojos y hemoglobina. Además, poseen *flotabilidad neutra*, lo cual reduce el gasto energético.

Draco rayado de Jonás

Neopagetopsis ionah

Diablillo antártico

Pleuragramma antarcticum

Es inevitable que los animales antárticos más conocidos sean los grandes y vistosos, como pingüinos, focas y ballenas. Pero ellos existen gracias a que se sustentan de otros mucho más modestos y *abundantes*, como el kril y el diablillo antártico, el pez más abundante allí. Sabemos muy poco de esas especies, ejemplo de adaptaciones evolutivas asombrosas.

✳ *Cachalotes, orcas y focas* son sus principales predadores. Pero la *competencia de las ballenas y pingüinos* por los peces de los que se alimentan es lo que más afecta a su población, junto con la pesca industrial.

✳ El diablillo antártico se desplaza en *cardumen*, o sea, en grandes grupos de individuos. Es de la familia de los nototénidos, como el bacalao antártico y el róbalo de fondo.

✳ La mayoría de las *aves, los mamíferos, cefalópodos y peces* del Polo Sur subsisten gracias a la gran abundancia de diablillos antárticos. Ellos, a su vez, se alimentan de *plancton* y otras presas pequeñas.

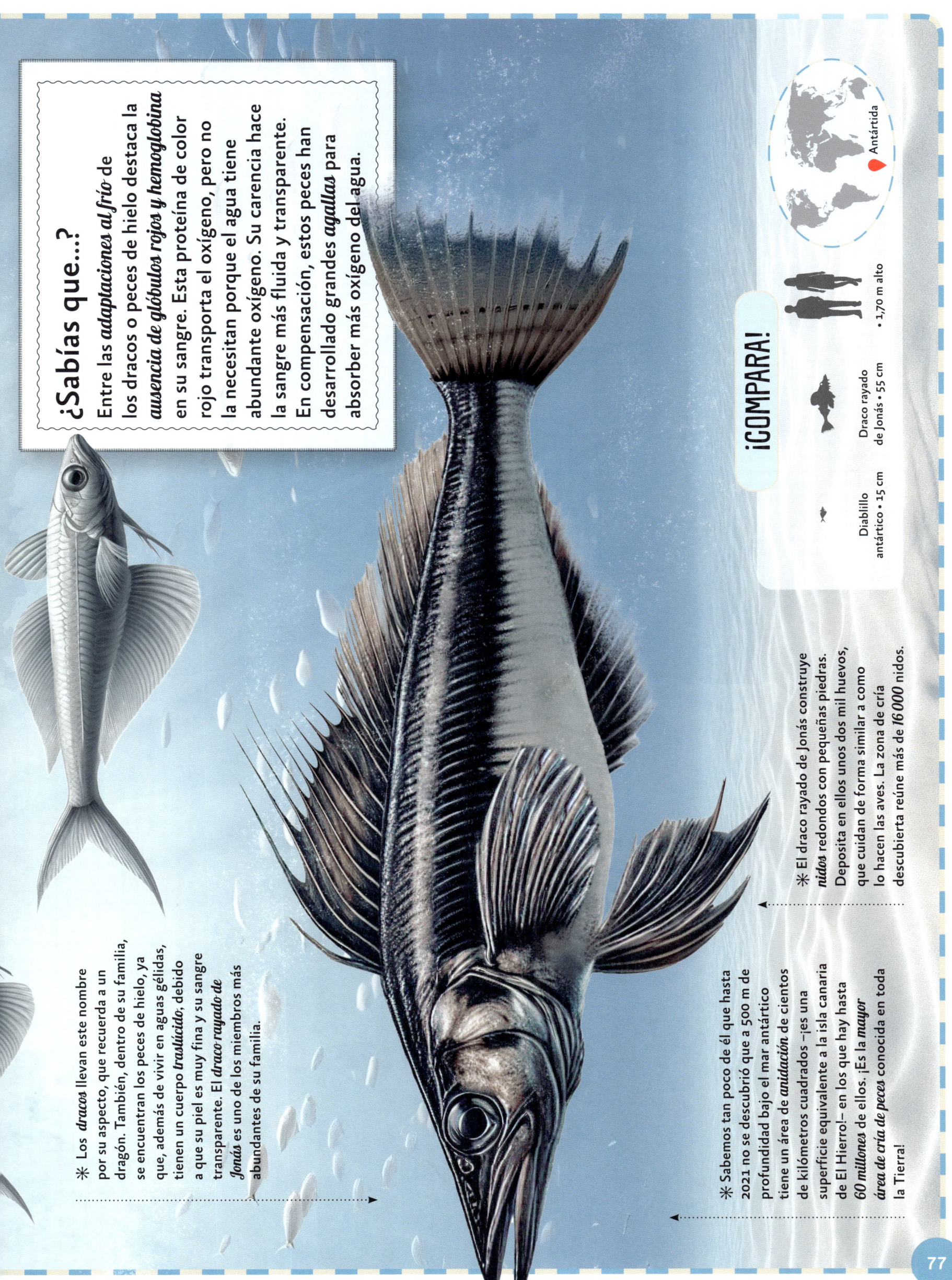

¿Sabías que...?

Entre las *adaptaciones al frío* de los dracos o peces de hielo destaca la *ausencia de glóbulos rojos y hemoglobina* en su sangre. Esta proteína de color rojo transporta el oxígeno, pero no la necesitan porque el agua tiene abundante oxígeno. Su carencia hace la sangre más fluida y transparente. En compensación, estos peces han desarrollado grandes *agallas* para absorber más oxígeno del agua.

✱ Los *dracos* llevan este nombre por su aspecto, que recuerda a un dragón. También, dentro de su familia, se encuentran los peces de hielo, ya que, además de vivir en aguas gélidas, tienen un cuerpo *traslúcido*, debido a que su piel es muy fina y su sangre transparente. El *draco rayado de Jonás* es uno de los miembros más abundantes de su familia.

✱ Sabemos tan poco de él que hasta 2021 no se descubrió que a 500 m de profundidad bajo el mar antártico tiene un área de *anidación* de cientos de kilómetros cuadrados –¡es una superficie equivalente a la isla canaria de El Hierro!– en los que hay hasta *60 millones de ellos.* ¡Es la *mayor área de cría de peces* conocida en toda la Tierra!

✱ El draco rayado de Jonás construye *nidos* redondos con pequeñas piedras. Deposita en ellos unos dos mil huevos, que cuidan de forma similar a como lo hacen las aves. La zona de cría descubierta reúne más de *16 000* nidos.

¡COMPARA!

Antártida

• 1,70 m alto

Diablillo antártico • 15 cm

Draco rayado de Jonás • 55 cm